BEI GRIN MACHT SICH IHR
WISSEN BEZAHLT

AF141580

- Wir veröffentlichen Ihre Hausarbeit,
  Bachelor- und Masterarbeit

- Ihr eigenes eBook und Buch -
  weltweit in allen wichtigen Shops

- Verdienen Sie an jedem Verkauf

Jetzt bei www.GRIN.com hochladen und kostenlos publizieren

GRIN

Carolin Duda

Geographische Merkmale der Metropole Berlin, sowie die Veränderungen in der Stadtstruktur nach 1990 durch den Ausbau zur Hauptstadt

GRIN Verlag

Bibliografische Information der Deutschen Nationalbibliothek:

Die Deutsche Bibliothek verzeichnet diese Publikation in der Deutschen National-
bibliografie; detaillierte bibliografische Daten sind im Internet über http://dnb.d-
nb.de/ abrufbar.

Impressum:

Copyright © 2007 GRIN Verlag GmbH
Druck und Bindung: Books on Demand GmbH, Norderstedt Germany
ISBN: 978-3-638-90777-4

Dieses Buch bei GRIN:

http://www.grin.com/de/e-book/83534/geographische-merkmale-der-metropole-
berlin-sowie-die-veraenderungen-in

GRIN - Your knowledge has value

Der GRIN Verlag publiziert seit 1998 wissenschaftliche Arbeiten von Studenten, Hochschullehrern und anderen Akademikern als eBook und gedrucktes Buch. Die Verlagswebsite www.grin.com ist die ideale Plattform zur Veröffentlichung von Hausarbeiten, Abschlussarbeiten, wissenschaftlichen Aufsätzen, Dissertationen und Fachbüchern.

Besuchen Sie uns im Internet:

http://www.grin.com/

http://www.facebook.com/grincom

http://www.twitter.com/grin_com

Hochschule Vechta
Fachgebiet Geographie

Hausarbeit im Rahmen des Seminars:

„Deutschland als Thema im Geographieunterricht"

<u>Thema:</u> Geographische Merkmale der Metropole Berlin, sowie Veränderungen in der Stadtstruktur nach 1990 durch den Ausbau zur Hauptstadt

Wintersemester 2006/07

Inhaltsverzeichnis

1 Einleitung

Der deutsche Philosoph Ernst Bloch schrieb im Jahr 1932: *„Berlin ist ein Gebilde, das sozusagen immer nur wird, aber nie ist".[1]* Diese Aussage ist auch heute noch zutreffend. Seit der Wende sind in Berlin zahlreiche Umbauten vorgenommen worden und Berlin wurde zur deutschen Hauptstadt. Dies hat zur Folge, dass sich die Stadtstruktur Berlins seit 1990 in einigen Stadtteilen grundlegend verändert hat. So mussten zwei Stadthälften, die sich zuvor zu eigenständigen Städten etabliert hatten, zusammengeführt werden. Aufgrund dessen wurde eine Vielzahl von neuen Gebäuden errichtet und die Infrastruktur umfangreich erneuert und ausgebaut. Die Verkehrswege zwischen Ost- und Westberlin sowie dem Umland mussten modernisiert und viele Strecken wieder in Betrieb gesetzt werden. Ferner sollten die Zentren neu ausgebaut werden und in den Außenbezirken plante man, neue Wohngebiete zu erschaffen. Aus diesem Grund waren die 1990er Jahre in Berlin von einer enormen Bautätigkeit geprägt.[2] Bis heute sind die Bauarbeiten nicht vollständig abgeschlossen und man hört in diesem Zusammenhang oft den Ausspruch *„Berlin ist eine Baustelle"*.

Die vorliegende Ausarbeitung soll einen Überblick über die geographischen Merkmale Berlins vermitteln, sowie grundlegende Veränderungen in der Stadtstruktur behandeln. Hierbei werden insbesondere die „Neue Mitte", die neuen Stadtquartiere am Wasser und der Spreebogen Erwähnung finden. Im Anschluss daran wird in einem weiteren Abschnitt die Infrastruktur Berlins behandelt. Abschließend soll in einem Resümee kritisch Stellung zu der neuen Stadtstruktur Berlins genommen werden.

2 Daten und Fakten zu der Metropole Berlin

Berlin liegt im Nordosten der Bundesrepublik und ist gänzlich vom Land Brandenburg umgeben. Die Fläche Berlins beträgt 891,82 km² und hat mit 3.395.189 Einwohnern eine Bevölkerungsdichte von 809 Einw. je km². Somit ist Berlin die bevölkerungsreichste und flächengrößte Stadt Deutschlands. Innerhalb der EU ist Berlin nach Einwohnern die zweitgrößte Stadt. Bezüglich der geographischen Lage ist festzuhalten, dass die größte Ausdehnung Berlins in Ost-West-Richtung ca. 45 km beträgt und die größte Ausdehnung in Nord-Süd-Richtung ca. 38 km. Die Fläche des Stadtgebietes liegt bei etwa 892 km². Berlin befindet sich in eiszeitlich geprägter Landschaft im Warschau-Berliner Urstromtal zwischen den Hochebenen des Barnim und des Teltow.[3] Die Stadt Berlin bildete sich auf einer ca. 4-4,5

---

[1] vgl. Pressespiegel: http://www.simon-rattle.de/pressespiegel/presse_detail.php?p_id=127&j=2002 Stand: 26.09.2006.
[2] vgl. Kapphan, A. (2004), S. 48.
[3] vgl. Wikipedia: http://de.wikipedia.org/wiki/Berlin#Die_Hauptstadt Stand: 26.09.2006.

Kilometer breiten Verengung des Spreetals. Das Zentrum Berlins befindet sich an der schmalsten Stelle des von der Spree durchflossenen Urstromtals.[4] Ein Viertel der Fläche Berlins setzt sich aus Wäldern, Seen und Flüssen zusammen, ein Fünftel wird als Erholungsraum und für die Landwirtschaft genutzt. Einschließlich der Verkehrsflächen sind ca. 59% des Stadtgebietes bebaut. Hierbei wird mehr als die Hälfte der bebauten Fläche als Wohnraum genutzt.[5] Die Landschaft der Stadt kann als sehr wasser- und waldreich bezeichnet werden. So durchziehen Berlin 190 Kilometer schiffbare Wasserwege. Durch das Stadtgebiet fließen die Spree, die Panke, die Dahme die Wuhle der Nordgraben und das Tegeler Flies. Auch viele Seen sind in Berlin vorzufinden, wie z.b. der Müggelsee der Tegeler See und der Große Wannsee. Insgesamt sind 8% der Stadtfläche aus Wasser bestehend und 18% bewaldet.[6]

Seit der Wiedervereinigung am 3. Oktober 1990 ist Berlin die Hauptstadt der Bundesrepublik Deutschland. Ferner hält Berlin die Funktion als Parlaments- und Regierungssitz Deutschlands inne. Des Weiteren fand 1999 die erste Sitzung des Deutschen Bundestages im umgebauten Reichstag statt. Außerdem ist Berlin als Stadtstaat ein eigenständiges Land der Bundesrepublik[7].

Da die Stadt als eines der einflussreichen politischen Zentren der EU bezeichnet werden kann und außerdem ein interessantes und ansprechendes kulturelles Erbe besitzt, ist sie eine der meistbesuchten Metropolen des Kontinents. Hinzu kommt, dass die Stadt ein bedeutender Verkehrsknotenpunkt ist. Ferner ist Berlin ein wichtiges Wirtschafts-, Kultur- und Bildungszentrum Deutschlands. So sind z.b. die Universitäten, Forschungseinrichtungen, Museen und die Architektur Berlins weltweit populär.[8]

Nach der Wiedervereinigung der beiden Stadthälften gliederte sich die Stadt zunächst zehn Jahre lang in 23 Bezirke. So war West-Berlin ursprünglich in 12 Bezirke, Ost-Berlin in 11 Stadtbezirke unterteilt. Die Bezeichnung *Stadtbezirk* wurde jedoch nach der Wiedervereinigung nicht mehr benutzt. Im Zuge des Gebietsreformgesetzes vom 10. Juni 1998 wurde die Zahl der Bezirke zum 1. Januar 2001 von 23 auf 12 reduziert. Die jetzigen 12 Bezirke verfügen über eigene Verwaltungsorgane, eine Bezirksverordnetenversammlung und ein Bezirksamt. Diese sind für die örtlichen politischen sowie administrativen Aufgaben

[4] vgl. Raaz, A. (2006), S. 5.
[5] vgl. Diehl, E. (1996), S. 3.
[6] vgl. Falk, G. C. u. Lehmann, D. (2001), S. 30 ff.
[7] vgl. Business Location Center:
http://www.businesslocationcenter.de/de/A/iii/2/seite0.jsp?nav1=open&nav2=open Stand: 26.09.2006.
[8] vgl. Wikipedia: http://de.wikipedia.org/wiki/Berlin#Die_Hauptstadt Stand: 26.09.2006.

zuständig. Jedes Bezirksamt besteht aus dem Bezirksbürgermeister und vier bzw. fünf Stadträten.[9]

3 Die Stadtgestalt Berlins 1950 und 2000

Vergleicht man die Karten der Stadtgestalt Berlins von 1950 und 2000 mit einander, werden die erheblichen Veränderungen des Siedlungskörpers der Stadt im Laufe der Jahre deutlich erkennbar. Die Stadtgestalt aus dem Jahr 1950 ist stark durch die gewaltigen Trümmerflächen in der Innenstadt gekennzeichnet. Demgegenüber sieht man in der Karte von 2000, dass eine Vielzahl von mehrgeschossigen Großsiedlungen im Osten der Stadt angesiedelt ist. Auch die raumgreifenden Verkehrbauten in der gesamten Stadt werden sichtbar.

Es wird deutlich, dass in den letzten 50 Jahren wechselnde Strategien der Stadtentwicklung in Berlin verfolgt wurden. Diese waren insbesondere geprägt durch die Wirkung und den Wandel weltweiter stadtplanerischer Zielvorstellungen. Hinzu kommt jedoch auch, dass die unterschiedlichen politischen Vorgaben in Ost-Berlin und West-Berlin eine besondere Rolle gespielt haben. Diese verschiedenen Faktoren führten dazu, dass es zu unterschiedlichen, widersprüchlichen Entwicklungen und Brüchen im räumlichen Erscheinungsbild der Stadt kam.

Aus diesem Grund ist es beeindruckend, wie unter diesen Bedingungen die Stadt Berlin als gesamter Siedlungskörper seine Identität bewahren konnte und der Prozess des städteräumlichen Wachsens über die 50 Jahre alle Bereiche der Stadt gleichermaßen erfasste. Im Wesentlichen konnte die kompakte Stadt erhalten bleiben.

Bei einem Vergleich der beiden Karten fällt signifikant auf, dass der Flächenverbrauch von 1950 bis 2000 stark gestiegen ist. Als Auslöser hierfür sind vor allem die wachsenden Wohnansprüche zu nennen. So stieg in West-Berlin die Wohnfläche pro Einwohner von 15 m² auf 39 m² und in Ost-Berlin von 14,2 m² auf 36,5 m². Der Flächenverbrauch durch die Bebauung stieg bei annähernd konstanter Bevölkerungszahl in Berlin zwischen 1950 und 2000 um 50%. Heute liegt der Flächenverbrauch bei ca. 140 m² pro Einwohner. Diesbezüglich ist festzuhalten, dass der Anstieg in Ost- und West-Berlin annähernd gleich groß war.

Es ist außerdem auf den beiden Karten zu sehen, dass Berlin trotz der immensen Veränderungen in der Stadtstruktur eine grüne Stadt geblieben ist. So besteht etwa die Hälfte der Berliner Stadtfläche aus Grün- und Freiflächen. Darüber hinaus besitzen 2/3 der Bebauung, insbesondere die Einzelhausbebauung und Bebauung bis 5 Geschosse, einen sehr

---

[9] vgl. Raatz. A. (2006), S. 7ff.

hohen Grünanteil im unmittelbaren Wohnbereich. In Berlin hat die Bebauung über 5 Geschosse einen Anteil an der Gesamtbebauung von unter 10 %. Sie prägt nach wie vor die Innenstadt.[10]

Bei einem Vergleich der beiden Karten stellt man des Weiteren fest, dass sich das Zentrum zu zwei Zentren entwickelt hat. Abgesehen davon führte man in Berlin eine Wiederbelebung alter historischer Zentren durch. Dies wird insbesondere am Beispiel der Museumsinsel deutlich. Als das Zentrum Berlins kann man Berlin Mitte, Tiergarten und Wedding ansehen.

4 Veränderungen der Stadtstruktur Berlins nach 1990

Berlin befindet sich nach der Wiedervereinigung noch immer inmitten eines Wandlungsprozesses. Dieser Wandel ist nicht nur auf gesellschaftlicher und politischer Ebene zu beobachten, sondern auch im Bereich von Architektur und Städtebau. So haben sich in den letzten Jahren tief greifende Veränderungen vollzogen, welche das Stadtbild und die Stadtstruktur sowie das städtische Leben, verändert haben. Im Zuge der Wiedervereinigung und dem Einigungsvertrag vom 31. August 1990 sowie dem Beschluss des Deutschen Bundestages, auch Parlament und Regierung nach Berlin zu verlagern, hat eine immense Planungs- und Bautätigkeit eingesetzt. Diese ging in den ersten Jahren mit einem milliardenschweren *„Bauinvestitionsboom"* einher. Nirgendwo in Europa gibt es ein vergleichbares Städtewachstum. So ist die Silhouette des Innenstadtbereiches seit Jahren durch Baukräne geprägt. Der Bau eines neuen Parlaments- und Regierungsviertels im Spreebogen und Großbaustellen wie am Potsdamer Platz bleiben europaweite Superlative. Hinzu kommen die unzähligen Neubauten und Bauvorhaben.[11] Beispielsweise wurden zwischen 1991 und 2002 in Berlin ca. 135.000 neue Wohnungen fertig gestellt und im Berliner Umland ca. 120.000. Des Weiteren wurden ferner Baulücken in der Innenstadt geschlossen und das alte Zentrum um die Friedrichsstraße erneuert.[12] Im Folgenden sollen einige dieser Veränderungen sowie Neuerungen dargestellt werden.

4.1 Berlins „Neue Mitte"

Die Bezeichnung „Neue Mitte" steht für das Gebiet des zentralen Berlins. An dieser Stelle befand sich nach der Wiedervereinigung beiderseits der Mauer eine der größten Baustellen Europas. Bis heute sind dort das Regierungsviertel der Bundesrepublik und das

---

[10] vgl. Senatsverwaltung für Stadtentwicklung:
http://www.stadtentwicklung.berlin.de/planen/basisdaten_stadtentwicklung/atlas/de/stadtgestalt.shtml Stand:
14.02.2007.
[11] vgl. Süß, W. u. Rytlewski, R. (1999), S. 575.
[12] vgl. Kapphan, A. (2004), S. 48.

Dienstleistungszentrum am Potsdamer Platz entstanden.[13] Der Nordteil der Friedrichsstraße wurde zu einer vornehmen und exklusiven Einkaufsstraße. Beispielsweise haben sich hier die Galeries Lafayette (Architekt Jean Nouvel) und hochwertige Boutiquen wie z.b. Chanel niedergelassen. Im Süden wird das Neubauviertel durch das frühere Regierungsviertel mit dem Berliner Abgeordnetenhaus und dem Bundesrat im ehemaligen Preußischen Herrenhaus und dem Finanzministerium im ehemaligen Reichsluftfahrtministerium bzw. Haus der Ministerien begrenzt. Im Westen des Neubauviertels ist eine Abgrenzung durch den Park des Tiergartens vorhanden. Der neue Zentralbahnhof Berlins wurde im Norden des Regierungsviertels gebaut und im Osten reichen die Veränderungen der Stadtstruktur und der städtebaulichen Dynamik bis in die angrenzende Friedrichsstadt hinein.[14]

4.1.1 Der Potsdamer Platz: ein neues Zentrum der Stadt Berlin

Der Potsdamer Platz war in den 20er Jahren einer der verkehrsreichsten Plätze der Welt. Später wurde er mit dem Bau der Mauer zu einem traurigen Topos einer geteilten Stadt. Nach dem Mauerfall entwickelte er sich zu einem Symbol der Erneuerung Berlins. Heute präsentiert sich die Fläche als Stadt in der Stadt, als ein Areal, an dem die unterschiedlichsten städtebaulichen Prinzipien des ausgehenden 20. und beginnenden 21. Jahrhunderts realisiert worden sind. Im Zuge des Entwurfs der Architekten Hilmer & Sattler, die 1991 den öffentlich ausgelobten städtebaulichen „Ideenwettbewerb Potsdamer Platz/Leipziger Platz" gewonnen hatten, hat man sich zum Einen für eine dichte, mittelhohe Bebauung entschieden, welche dem Typus der „Europäischen Stadt" mit etwa 35 Meter hohen Häusern, Straßen und ruhigen Plätzen entsprach und sich am historischen Grundriss des Gebietes orientierte. Zum anderen setzen heute Hochhäuser, wie z.B. das Debis-Gebäude oder das Sony Center mit seinem Wahrzeichen, dem „schwebenden" Schirmdach, vertikale Akzente.[15]

Während des Neubaus und der Renovierung des Potsdamer Platzes sind jedoch auch ältere Gebäude erhalten worden, wie z.B. das Weinhaus Huth, welches den Zweiten Weltkrieg und alle Wandlungen der 50er Jahre überstanden hat. Hinzu kommt, dass es im Sony Center gelungen ist, den Kaisersaal des einstigen Hotels Esplanade 75 Meter zu einem neuen Standort zu verschieben und in die moderne Architektur zu integrieren.[16]

---

[13] vgl. Wieckert, R. u. Ellger, C. (2004), S. 102ff.
[14] vgl. Wieckert, R. u. Ellger, C. (2004), S. 102ff.
[15] vgl. Senatsverwaltung für Stadtentwicklung Berlin: http://www.stadtentwicklung.berlin.de/bauen/baubilanz/de / potsdamer_platz.html Stand: 26.06.2006.
[16] vgl. ADAC: Landeshauptstädte in Deutschland (2003), S. 19ff.

7

4.1.2 Die Neubebauung der Friedrichsstadt

In der Friedrichstadt waren viele Blöcke zu Beginn der, mit der Wende einsetzenden Bautätigkeit, durch brachliegende Flächen gekennzeichnet. Die brachliegenden Flächen waren teilweise eine Hinterlassenschaft des Sozialismus. Sie erweiterten sich jedoch durch neue Abrisse von nicht unter Denkmalschutz stehenden Altbauten, schwer unnutzbaren oder sanierbaren Gebäuden aus der Zeit der DDR und Rohbaukonstruktionen nicht fertig gestellter Plattenbauten. Hinzu kommt, dass die Auflösung der ursprünglichen Besitzverhältnisse und Parzellenstrukturen in der DDR zu großen zusammenhängenden Grundstücken geführt hatte, die nach der Wende wieder privatisiert werden mussten. Aufgrund dieser Situation wurde zu Beginn des ersten Investitionsschubes der Nachwendezeit die Bebauung mit den von vielen Investoren bevorzugten Großformen gefördert. So wurden Blöcke als Ganzes oder als Teilblöcke durch eine geschlossene Neubebauung besetzt. Dies ist vor allem bei den drei Bauten der Friedrichstadt Passagen, die mit völlig unterschiedlichen formalen Ansätzen errichtet wurden, deutlich. Ähnlich verfuhr man auch bei dem Bebauungsareal am ehemaligen Grenzkontrollpunkt Checkpoint Charlie.[17]

Die Friedrichstraße durchzieht als Hauptachse in Nord-Süd-Richtung die Friedrichstadt. Ihre Länge beträgt vom Oranienburger Tor im Norden bis zum Halleschen Tor (Mehringplatz) im Süden 3,3 km. Ab 1990 setzte in der Friedrichstraße ein Baumboom ein. Dies hatte zur Folge, dass die Grundstückspreise enorm anstiegen, und eine Höhe von 10.000 €/m² erreichten. Auf dem nördlichen Block (Quartier 207) entstand an der Ecke zur Französischen Straße der Bau der Galeries Lafayette. Auf dem mittleren Block (Quartier 206) wurde ein expressionistisch gezackter Gebäudekomplex mit Lichtbändern im Art-déco-Stil der 1930er Jahre errichtet. Der südliche Block (Quartier 205) beherbergt ebenfalls Läden, Büros und Wohnungen. Alle drei Gebäudekomplexe wurden drei bis vier Etagen in die Tiefe gebaut und sind durch eine unterirdische Passage verbunden.[18]

4.1.3 Beschreibung ausgewählter neuer Stadtquartiere am Wasser

<u>Wasserstadt Rummelsburger Bucht:</u> Die Halbinsel Stralau bildet zusammen mit dem Rummelsburger Ufer ein ausgewiesenes städtebauliches Entwicklungsgebiet[19], in dem sich offene und verdichtete Bereiche abwechseln. In der Wasserstadt soll die Mischung

---

[17] vgl. Süß, W. u. Rytlewski, R. (1999), S. 590 ff.
[18] vgl. Wieckert, R. u. Ellger, C. (2004), S. 104 ff.
[19] vgl. Das Lexikon je Verwaltungsbezirk von Berlin: http://www.luise-berlin.de/lexikon/FrKr/w/Wasserstadt_Rummelsburger_Buch.htm Stand: 29.10.2006.

zeitgemäßer Gewerbegebiete mit neuen, attraktiven und citynahen Wohnquartieren ein traditionelles Terrain der Hauptstadt beleben.[20] So soll hier das innerstädtische „Wohnen am Wasser" entwickelt werden, welches als Alternative zu den Stadtrandsiedlungen dienen soll.[21] In der ehemaligen DDR wurde die Rummelsburger Bucht vorwiegend für Industrie- und Lagerflächen genutzt. Im Zuge der Wiedervereinigung geriet dieses stadtnahe Gebiet mit seiner reizvollen Wasserlage in das Interesse der Stadtplanung. Zunächst sollten hier aufgrund der Bewerbung Berlins um die Austragung der Olympischen Spiele im Jahre 2000 ca. 5.000 Wohnungen mit Gemeinschaftseinrichtungen für die Olympische Familie entstehen. Zu diesem Zweck wurde das Gebiet zu einem Entwicklungsbereich erklärt. Obgleich die Olympiabewerbung scheiterte, hielt man an dem Ziel der Entwicklung des Raumes fest. Das Gebiet hat eine Fläche von ca. 130 ha. Zeitweise sollten hier mit der entsprechenden technischen und sozialen Infrastruktur (z.B. Kindertagesstätten, Schulen etc.) bis zu 5.700 Wohnungen und 412.000 m² BGF (Bruttogrundfläche) für Dienstleistungen, Handel und Gewerbe bis 2010 entstehen. Aufgrund der Berliner Wirtschaftskrise fehlte jedoch für dieses Entwicklungsgebiet die Nachfrage, und es entstanden Defizite. Daher wurde der Zeitrahmen der Entwicklung bis 2006 verkürzt, und die Anzahl der Wohnungen auf unter 4.500 reduziert. Auch die Dienstleistungs- und Gewerbeflächen wurden auf etwas mehr als 350.000 m² verringert. Bis Ende 2003 waren bereits große Teile des annähernd 7 km langen öffentlichen Uferweges, ca. 2.000 Wohneinheiten, 2 Kindertagesstätten, 1 Grundschule und 1 Jugendfreizeiteinrichtung fertig gestellt. Hinzu kommt, dass durch die Baumaßnahmen pro Jahr ca. 950 Arbeitsplätze in der Bauwirtschaft gesichert werden konnten.[22] Insgesamt besteht die Siedlung aus mehreren offenen Blocks, deren begrünte Höfe auf die Spree hin ausgerichtet wurden. Die Bauten sind mit dunklen Klinkern verkleidet und z.T. mit großzügigen Wohnungen ausgestattet, wobei die oberen Geschosse überwiegend als Penthouses ausgebaut wurden. Südlich der Straße Alt-Stralau und an der Spitze der Halbinsel wurden freistehende Stadtvillen errichtet. Ein Uferweg und großzügige Freiflächen, die an eine Grundschule und eine Kirche angrenzen, sind Teil der weiträumigen Grünflächenplanung. Ziel ist die Reurbanisierung des ehemaligen Industriegebietes.[23]

---

[20] vgl. Senatsverwaltung für Stadtentwicklung Berlin: http://www.stadtentwicklung.berlin.de/bauen/entwick lungsgebiete/de/rummelsburg.shtml Stand: 29.10.2006.
[21] vgl. Das Lexikon je Verwaltungsbezirk von Berlin: http://www.luise-berlin.de/lexikon/FrKr/w/Wasserstadt _Rummelsburger_Buch.htm Stand: 29.10.2006.
[22] vgl. Wieckert, R. u. Ellger, C. (2004), S. 210 ff.
[23] vgl. Das Lexikon je Verwaltungsbezirk von Berlin: http://www.luise-berlin.de/lexikon/FrKr/w/Wasserstadt _Rummelsburger_Buch.htm Stand: 29.10.2006.

Media-Spree am Osthafen: Das Gebiet der Media-Spree ist ca. 120 ha groß und liegt zwischen der Michaelbrücke im Norden, der Oberbaumbrücke im Süden, der Köpenicker Straße im Westen und der Bahntrasse im Osten. Hier bemühen sich verschiedene Investoren auf dem ca. 2 km langen Spreeufer darum, ein „Medienorientiertes Kompetenzzentrum" mit über 1 Mio. m² BGF und einem Investitionsvolumen von rund 2,5 Mrd. € entstehen zu lassen. Des Weiteren sollen rund 30.000 neue Arbeitsplätze gewährleistet werden. Derzeit sind bereits Ansiedlungserfolge zu verzeichnen und die ersten Gebäude sind bereits fertig gestellt.[24] So hat nach Universal Music mit MTV Central Europe ein weiterer großer Player der Musikindustrie seinen Standort an der Media-Spree bezogen. Auch die ver.di-Bundeszentrale hat sich Mitte 2004 mit 1.200 Mitarbeitern an der Media-Spree niedergelassen.[25] Neben diesen großen Unternehmen haben sich zahlreiche kleinere Firmen aus der Kreativbranche hier niedergelassen. Die Zahl der Unternehmen und Selbstständigen aus den Bereichen Musikmanagement, Promotion, Tonträger, Internetagenturen, Medien und Mode wächst stetig. Auch Werbeagenturen, Grafikdesigner, Verlage und Hochglanzmagazine gehören zu den Mietern in der Media-Spree.

Die Gründe für die große Nachfrage nach dem Media-Spree Gebiet sind vielfältig. Hier ist in erster Linie die hervorragende Verkehrsanbindung (u.a. S-Bahn-Ostbahnhof, U- und S-Bahn-Warschauer Straße) zu nennen. Zudem sind über die unmittelbar angrenzende Holzmarkt- und Mühlenstraße sowohl der Berliner Autobahnring als auch der zukünftige Großflughafen Berlin-Brandenburg International (BBI) in wenigen Minuten erreichbar. Hinzu kommt die exklusive Wasserlage. An keiner anderen Stelle Berlins verläuft die Spree so geradlinig und mit einer Breite von durchschnittlich 150 Metern. Von beiden Uferseiten und insbesondere von den fünf Brücken, ergeben sich wunderbare Panoramablicke auf den Fluss und die charakteristische Industriekulisse. Auch ein Büroflächenangebot vom Gewerbeloft bis zum High-Tech-Neubau zu äußerst moderaten Mietpreisen und die unmittelbar benachbarten Szeneviertel Friedrichshain und Kreuzberg sprechen für eine Ansiedlung in der Media-Spree.[26]

4.1.4 Der Spreebogen: das neue Regierungsviertel

Der Spreebogen, das wohl bekannteste Stück deutsche Hauptstadt, kann als die Erfolgsgeschichte der Neuberliner Hauptstadtplanung bezeichnet werden. Die Planung des

---

[24] vgl. Wieckert, R. u. Ellger, C. (2004), S. 210 ff.
[25] vgl. Business Location Center: http://www.businesslocationcenter.de/de/C/ii/4/seite3.jsp?nav1=open&nav2=open Stand: 29.10.2006.
[26] ebd.

Spreebogens ging nach 1990 am zügigsten von allen von statten und die Ergebnisse erfuhren große Akzeptanz durch das allgemeine Publikum und durch die Fachöffentlichkeit.

Bevor mit der Um- und Neugestaltung des Spreebogens begonnen wurde, führte man den „Internationalen Städtebaulichen Ideenwettbewerb Spree" durch. Die Planungsaufgabe dieses Wettbewerbes bestand darin, neben der Unterbringung von Verfassungsorganen auch eine städtebauliche Lösung, die einem weit gefassten Begriff der politischen Repräsentation entsprechen sollte, zu finden. In diesem Zusammenhang ging es um die demokratische Offenheit, die Integration der Stadt, die Berücksichtigung grünplanerischer und ökologischer Kriterien sowie die gestalterische Auseinandersetzung mit der gerade überwunden Ost-West-Teilung.[27] Der „Ideenwettbewerb Spree" wurde letztendlich von den Architekten Axel Schultes und Charlotte Frank gewonnen. In ihrem städtebaulichen Entwurf für das neue Regierungs- und Parlamentsviertel Spree entwickelten sie das so genannte „Band des Bundes", das die Spree zweimal von Ost nach West überquert. Auf diese Weise sollten Ost- und Westberlin gleichsam verklammert werden und die Teilung Deutschlands sollte auf diesem Wege auch baulich überwunden werden. In den Folgeausschreibungen gelang es Schultes und Frank, auf Basis ihres städtebaulichen Entwurfs, mit ihrem Vorschlag auch den Architekturwettbewerb für das Bundeskanzleramt zu gewinnen, das 2001 fertig gestellt wurde.[28]

Neben der Nutzung und dem Umbau von bereits existierenden Gebäuden wurde das Berliner Stadtmobiliar, wie bereits erwähnt, in den letzten Jahren durch eine enorme Anzahl von neuen Gebäuden und Repräsentativbauten ergänzt, eine Ansammlung zeitgenössischer Architektur mit den unterschiedlichsten Handschriften und Stilen.[29] Nachfolgend sollen einige der wichtigen Neubauten im Spreebogen näher erläutert werden.

<u>Das Reichstagsgebäude:</u> Vor der Umkonstruierung des monumentalen Gebäudes nördlich des Brandenburger Tores musste sich das über hundertjährige Gemäuer einer dreieinhalbjährigen Renovierung unterziehen. Mit rund 600 Millionen Mark baute der Bundestag das verwaiste Parlamentshaus nach den Plänen des britischen Architekten Sir Norman Foster in ein modernes Plenargebäude um.[30]

---

[27] vgl. Guerra, M.W. (1999), S. 83ff.
[28] vgl. Wikipedia: http://de.wikipedia.org/wiki/Axel_Schultes Stand: 03.11.06.
[29] vgl. Berlin Tourist Information: http://www.berlin-tourist-information.de/deutsch/sightseeing/d_si_architek_tur.php#5 Stand: 03.11.06.
[30] vgl. Berlin Tourismus Information: http://www.berlin.de/tourismus/sehenswuerdigkeiten/00122.html Stand: 03.11.06.

Heute bildet das Reichstagsgebäude den politischen sowie räumlichen Mittelpunkt des Regierungsviertels. Die neue Kuppel in 40 m Höhe wurde zum Sinnbild Berlins. Derzeit ist das Reichtagsgebäude nicht nur der Hauptsitz des Deutschen Bundestags, sondern der Bau ist mit seiner raffinierten Kuppelkonstruktion auch zum Symbol für das offene Verständnis von Staat und Gesellschaft und gleichzeitig zum Besuchermagneten in der neuen Hauptstadt geworden.[31]

Das Paul-Löbe-Haus und das Marie-Elisabeth-Lüders-Haus: Die beiden Gebäude gehören zu dem bereits erwähnten „Band des Bundes" und wurden von dem Münchener Architekt Stephan Braunfels entworfen. Kennzeichnend für die beiden jeweils 22 Meter hohen Gebäudekomplexe mit ca. 66.000 m² Hauptnutzfläche sind die in einer Achse liegenden zentralen Hallen. Beim Paul-Löbe-Haus, welches 2001 fertig gestellt wurde und auf der Westseite der Spree liegt, erstreckt sich die helle Halle über 200 Meter und wird über zylindrische Einbauten strukturiert, die die Ausschusssäle beherbergen. An diesen Zylindern orientieren sich zu den Alleen offene Lichthöfe, die von Gebäudeflügeln mit insgesamt 550 Büroräumen gefasst werden. Im Marie-Elisabeth-Lüders-Haus auf der Ostseite der Spree, dessen Fertigstellung 2003 war, sind die große Parlamentsbibliothek sowie wissenschaftliche Dienste untergebracht. Der Europasaal steht für große Anhörungen zur Verfügung. Teile der Berliner Mauer (Hinterlandmauer) sind in das Gebäude integriert und öffentlich zugänglich. Beide Gebäude flankieren den von der Spree durchschnittenen so genannten "Spreeplatz". Sämtliche Gebäude des Parlaments sind durch Fußgängertunnel oder -brücken miteinander verbunden.[32]

Das Jakob-Kaiser-Haus: Dieser Gebäudekomplex ist der größte Neubau für den Bundestag und liegt direkt an der einstigen Nahtstelle zwischen Ost und West. Der Komplex besteht aus neun Bauten, die unmittelbar neben dem Reichstag zu beiden Seiten der Dorotheenstraße liegen. Während der Bauphase wurde darauf geachtet, die Geschichte des Ortes in die architektonische Form des Hauses zu integrieren. Daher wurde z.B. während der Erbauung auf die klassische Traufhöhe (Höhe zwischen Traufpunkt und dem Terrain[33]) von 22 Metern geachtet. Des Weiteren wurde die barocke Parzellenstruktur der Dorotheenstadt in die architektonische Bauweise integriert. In den Erdgeschossen wird die Einbindung in die

---

[31] vgl. Berlin Tourist Information: http://www.berlin-tourist-information.de/deutsch/sightseeing/d_si_architek
tur.php#5 Stand: 03.11.06.
[32] vgl. Senatsverwaltung für Stadtentwicklung Berlin: http://www.stadtentwicklung.berlin.de/planen/hauptstadt
planung/de/parlament_regierungsviertel/paul_loebe_haus.shtml Stand: 03.11.06.
[33] vgl. Wikipedia: http://de.wikipedia.org/wiki/Traufh%C3%B6he Stand: 08.11.06.

umgebende Stadt durch Cafes und Läden verstärkt. Durch zwei Brücken über die Dorotheenstraße und unterirdische Passsagen sind die Einzelhäuser des Komplexes untereinander und mit dem Reichstagsgebäude verbunden. Betreut wurde der 1999 abgeschlossene Umbau für die Parlamentarische Gesellschaft von dem Kölner Architekt Thomas van den Valentyn.

Die Häuser 1 und 2 wurden nach den Plänen der Architekten Schweger & Partner gebaut. Sie umfassen zwei Höfe, von denen der eine überdacht ist, und der andere einen Birkenhain beherbergt. Die Häuser 5 und 6 wurden von dem Amsterdamer Architekt Pi de Bruijn entworfen. Diese Häuser haben teilweise auffällig geformte und gläserne Vorfassaden. Im überdachten Hof des Hauses 5 liegt ein nierenförmiger Sitzungssaal und den Hof des Hauses 6 bedeckt eine Wasserfläche. Die Kölner Architekten Busmann und Haberer sind für die Planung der Häuser 3 und 7 verantwortlich, sowie für den zur Spree hin gelegenen Kopfbau des Hauses 2, in welchem sich der Sitzungssaal für die Untersuchungsausschüsse befindet. Zum Hof des Hauses 3 öffnet sich das Casino, im Kopfbau des Gebäudes liegt der abhörsichere Saal der Enquete-Kommission (enquête franz. für Untersuchung). Im Haus 7 wurde das 1857 errichtete Haus des Zimmermanns Sommer integriert. Die Häuser 4 und 8 sind schließlich nach den Plänen des Hamburger Büros gmp von Gerkan, Marg & Partner gestaltet worden und bilden das Tor des Regierungsviertels zur Dorotheenstadt. Insgesamt arbeiten im Jakob-Kaiser-Haus mit seinen 2.000 Arbeitsräumen 314 Abgeordnete mit 717 Mitarbeitern, 730 Fraktionsangestellte und 74 Mitarbeiter der Bundesverwaltung.[34]

Das Bundeskanzleramt: Das Gebäude, welches von den Berlinern als „Elefantenklo" oder „Kanzlerwaschmaschine" genannt wird, gehört ebenfalls zu dem bereits erwähnten „Band des Bundes" und war 2001 bezugsfertig. Geplant wurde das spektakuläre und gleichsam umstrittene Gebäude des neuen Bundeskanzleramtes von den Architekten Axel Schultes, Charlotte Frank und Christoph Witt. Die Gesamtfläche des Komplexes beträgt 12.000 m² und hat eine Höhe von 36 m. Damit übertrifft es die Berliner Traufhöhe von 22 m. Abgesehen davon ist es eines der größten Regierungshauptquartiere der Welt. Der Grund für die immense Höhe des Gebäudes besteht darin, dass das Gebäude des Bundeskanzlers/-kanzlerin nicht kleiner sein sollte als das gegenüberliegende Reichstagsgebäude.[35] Das Kanzleramt besteht aus zwei langen Büroriegeln an der Nord- und Südallee und dem Leitungsgebäude. Das Gebäude, welches die Form eines Kubus besitzt, hat eine moderne, größtenteils verglaste

---

[34] vgl.: Senatsverwaltung für Stadtentwicklung Berlin: http://www.stadtentwicklung.berlin.de/bauen/wanderun gen/de/s3_jakobkaiserhaus.shtml Stand: 08.11.2006.
[35] vgl.: Wikipedia: http://de.wikipedia.org/wiki/Bundeskanzleramt_%28Berlin%29 Stand: 09.11.06.

Außenfläche. Des Weiteren wurden auf großen Flächen verschiedene Farben verwendet, die jeweils eigene, festgelegte Symbolwirkung haben. Flankiert wird das Kanzleramt durch fünfgeschossige, kammartige Flügel mit über 300 Büroräumen, die sich „U-förmig" zu je einem der 13 Wintergärten öffnen.[36] In der siebten Etage des Bundeskanzleramtes befindet sich das Büro der Bundeskanzlerin Angela Merkel. Hinzu kommt, dass in dem Gebäude in der neunten Etage einige Wohnräume für den amtierenden Bundeskanzler/-kanzlerin vorhanden sind. Diese Räume haben eine Gesamtfläche von ca. 200 m² und kosten rund 800 € Miete im Monat.[37]

5 Die Infrastruktur der Metropole Berlin

Berlin benötigt für die Inwertsetzung des Entwicklungspotenzials die Integration in ein leistungsstarkes transeuropäisches Verkehrsnetz und gleichermaßen den weiteren Ausbau eines sozial- und umweltverträglichen Nahverkehrssystems. Aus diesem Grund ist für die Entwicklung Berlins und der hauptstädtischen Region die Qualität der materiellen Infrastruktur von großer Bedeutung. Derzeit ist die Infrastruktur Berlins durch die vierzig Jahre der Teilung zugleich benachteiligt wie auch bevorzugt. In Folge der Wiedervereinigung musste praktisch die gesamte Infrastruktur neu erstellt werden. Inzwischen sind die bis 1989 unterbrochenen Straßenverbindungen zwischen Ost- und Westberlin sowie zum Umland weitgehend wieder instand gesetzt und wiederhergestellt worden. Auch der Luftverkehr Berlins konnte sich seit 1990 gegenüber anderen großen Flughäfen, wie z.B. Hamburg und München, behaupten. So wird der Luftverkehr im Raum Berlin derzeit über drei Flughäfen abgewickelt.[38]

Die Hauptaufgabe der Stadtplanung bestand nach 1990 darin, neue Straßen als Verbindung zwischen Ost und West, zwischen den Menschen, den Stadtteilen, zwischen Alt und Neu zu bauen. Hinzu kommt, dass Straßen das Gesamtgefüge der Stadt strukturieren und ordnen. So ist die Verbindung zwischen Ost und West eine der Hauptaufgaben der Stadtplanung geworden und seither prägen neue Straßen auch das Neue Berlin.[39] Ein weiteres Ziel der Stadtplanung bestand darin, die Wohngebiete weitestgehend vom Durchgangsverkehr zu befreien und die Grünflächen zu erhalten.[40]

---

[36] vgl. Meyer, U. (1999), S. 46ff.
[37] vgl.: Wikipedia: http://de.wikipedia.org/wiki/Bundeskanzleramt_%28Berlin%29 Stand: 09.11.06.
[38] vgl. Kulke, E. (1998), S. 353ff.
[39] vgl. Senatsverwaltung für Stadtentwicklung Berlin: http://www.stadtentwicklung.berlin.de/bauen/strassenbau /index.shtml Stand: 21.11.2006.
[40] vgl. Kulke, E. (1998), S. 353ff.

5.1 Der Eisenbahnverkehr

Die Bundesregierung entschied sich am 21. April 1992 dazu, dass so genannte „Eisenbahnkonzept für Berlin", auch als „Pilzkonzept" bezeichnet, zu verwirklichen. Die Bezeichnung des Konzeptes basiert auf seiner pilzähnlichen Form des entstehenden innerstädtischen Fernbahnnetzes. Für die Realisierung des Projektes plante man, einen Nord-Süd-Tunnel vom Nordring über einen neuen Hauptbahnhof südlich des einstigen Lehrter Bahnhofs bis zu einem ebenfalls neu zu errichtenden Bahnhof Papestraße im Süden (Stiel des Pilzes).

Die bereits bestehende Trasse von Berlin-Spandau nach Berlin-Gesundbrunnen sollte außerdem modernisiert werden (oberer Hutrand des Pilzes), ebenso die Stadtbahn zwischen West- und Ostkreuz (Krempe des Pilzhutes). Einige Zulaufstrecken, wie z.B. die von Hamburg, sollten ausgebaut werden. Der Südring (Westkreuz-Papestraße-Ostkreuz) musste laut Planungsunterlagen für die Fernbahn nicht reaktiviert werden.[41]

5.1.1 Beispiel: Der Hauptbahnhof-Lehrter Bahnhof als einer der wesentlichen Bahnhöfe der Neugestaltung des Berliner Fernbahnkreuzes

Der Hauptbahnhof-Lehrter Bahnhof ist neben dem Bahnhof Berlin-Spandau, Berlin Zoologischer Garten, Berlin-Gesundbrunnen, Bahnhof Papestraße und Bahnhof Ostkreuz einer der wesentlichen Bahnhöfe der Neugestaltung des Berliner Fahrbahnkreuzes. Der Bahnhof kann auch als Zentralbahnhof bezeichnet werden und bildet die Schnittstelle der West-Ost mit der Nord-Süd-Achse. Der Bau begann am 13.10.1995 und wurde 26.05.2006 zu seiner Fertigstellung eingeweiht. Vier jeweils 400m lange unterirdische Bahnsteige dienen dem Fern- und Regionalverkehr in Nord-Süd-Richtung, zwei Bahnsteige über Landschaftsniveau dem in West-Ost-Richtung, parallel einer dem S-Bahn-Betrieb. Das Verkehrsaufkommen, das der neue Berliner Hauptbahnhof zu bewältigen hat, ist enorm. So prognostizieren Studien 300.000 Nutzer täglich, darunter allein 110.000 Ein-, Aus- und Umsteiger im Bereich des Fern- und Regionalverkehrs. Die Züge fahren im 90-Sekunden-Takt in alle Richtungen. Rund 500 Fern- und Regionalzüge erreichen den Bahnhof täglich auf der Nord-Süd-Strecke. Insgesamt entstanden in der Bauphase 70.000 m² Geschossfläche, davon 15.000 m² für Handel und Gastronomie. Der unterirdische Teil des Bahnhofs bildet das Herzstück des 3,5 km langen, viergleisigen Tunnels, der als Stiel des Pilzes die Spree und den Tiergarten bis südlich des Landwehrkanals unterquert. Parallel dazu entstanden im

---

[41] vgl. Wieckert, R. u. Ellger, C. (2004), S. 234 ff.

Spreebogen außerdem Tunnel für die Bundesstraße 96, eine neue U-Bahn-Strecke sowie für die S-Bahn-Linie 21.[42]

5.2 Der Luftverkehr

Nach der Wende bestanden in Berlin insgesamt drei Verkehrsflughäfen. Diese sind Tegel, Tempelhof und Schönefeld (siehe Abb. 15). Der Flughafen Schönefeld liegt allerdings knapp hinter der Berliner Stadtgrenze und befindet sich genau genommen im Land Brandenburg.[43] Dennoch mussten diese drei Flughäfen nun zu einem neuen Flughafensystem zusammengeführt werden und wurden daraus resultierend von der Neuordnung des Luftraums besonders betroffen. Bis zur Wende war der Berliner Luftraum durch die alliierten Luftkorridore geordnet. Das bedeutete seinerzeit den Ausschluss der beiden Flughäfen Tegel und Tempelhof aus dem internationalen Luftverkehr. Nur die nationalen Luftverkehrsgesellschaften der Alliierten durften diese Luftkorridore nutzen. Nach der Wiedervereinigung wurde die völlige Umstrukturierung des Raumes möglich und notwendig. Die Bundesanstalt für Flugsicherung nahm diese Neustrukturierung vor. Nach der Privatisierung übernahm die Deutsche Flugsicherung GmbH (DFS) diese Aufgabe. Die Durchführung dieser Aufgabe war nicht unproblematisch, da nun eine einheitliche Flugsicherheitsorganisation mit einer aufeinander abgestimmten technischen Basis geschaffen werden musste. Bis zur Wende stand der Flughafen Tempelhof unter amerikanischer, die Flugsicherung Tegel unter französischer Leitung, der Flughafen Gatow unter britischer Oberhoheit und Berlin Schönefeld unter der Verantwortung der Interflug DDR.

Anfang November 1994 wurde die Regionalstelle der Deutschen Flugsicherung in Berlin geschaffen. In der Region Ost wurde nun die einheitliche technische Leitung zusammengefasst, die neben Berlin alle neuen Bundesländer umfasst. Ende 1995 war die Neu- und Umstrukturierung im Bereich der Flugsicherung abgeschlossen.

Insgesamt lässt sich feststellen, dass es eine Zunahme der Flugbewegungen seit 1990 gegeben hat. So erhöhten sich diese von 139.271 (1990) auf 223.880 (1997). Die Zahl der Passagiere stieg in dieser Zeit von ca. 8,7 Mio. auf 11.5 Mio. Die Fracht erhöhte sich von 30.079 t auf 43.402 t.[44]

Bis 2011 ist geplant, den Flughafen Schönefeld zu vergrößern, um die im Innenstadtbereich liegenden Flughäfen Tegel und Tempelhof zu schließen. Das Großprojekt Flughafen *Berlin*

---

[42] vgl Die Bahn (DB): http://www.khd-research.net/Bahn/Reports/DB_Hauptbahnhof_Berlin_2005.pdf Stand: 21.11.2006.
[43] vgl. Wikipedia: http://de.wikipedia.org/wiki/Berlin#Infrastruktur Stand: 19.11.2006.
[44] vgl. Eckhart, K. (2001), S. 179 ff.

Brandenburg International (BBI) stößt bei zahlreichen Anwohnern in Berlin und Brandenburg auf Widerstand. Aus diesem Grund haben sie gegen den geplanten Hauptstadtflughafen geklagt. Am 16. März 2006 hat das Bundesverwaltungsgericht in Leipzig den Bau des Großflughafens jedoch unter Auflagen genehmigt, so dass dessen Bau zum Jahreswechsel 2006/07 beginnen kann. Es sind von den BBI-Gesellschaftern Baukosten in Höhe von rund 2 Milliarden Euro veranschlagt worden. [45] Aufgrund von Prognosen geht man davon aus, dass sich Berlin mit dem Ausbau von Schönefeld zum Großflughafen, trotz der Stilllegung der innerstädtischen Flughäfen Tegel und Tempelhof, im nächsten Jahrzehnt unter die größten deutschen Luftverkehrszentren einreihen wird. Die Leistung des Standortes soll von 11,5 Mio. Fluggästen (1995) auf mehr als 20 Mio. im Jahr 2010 ansteigen.[46]

5.3 Der Straßenverkehr

Seit der Wiedervereinigung war die Verbindung von Ost und West eine Hauptaufgabe der Stadtplanung geworden. So prägen heute neue Straßen das Neue Berlin (Siehe Abb. 16). In den vergangenen Jahren ist es gelungen, die Stadt zusammenzuführen. Alle wichtigen Straßenverbindungen sind weitestgehend wieder hergestellt. Derzeit ermöglicht ein dichtes Netz des öffentlichen Personalverkehrs (ÖPNV) den Bewohnern Berlins, die meisten Ziele schnell zu erreichen. Seit 1990 wurde das öffentliche Straßennetz um ca. 170 km auf rund 5.380 km erweitert.[47]

Berlin hat eine polyzentrische Stadtstruktur mit günstiger Mischung der Nutzungen Arbeiten, Wohnen, Einkaufen und Freizeit, und kann daher als die „Stadt der kurzen Wege" bezeichnet werden.[48] Da der industrielle Sektor nach 1990 starke Einbußen hinnehmen musste, hat sich dies auch auf den Verkehr ausgewirkt. Aus diesem Grund mussten Rückgänge im Berufspendlerverkehr verzeichnet werden. Hinsichtlich des Güterverkehrs fällt auf, dass mehr Güter von außerhalb eingeführt als aus der Stadt heraus geliefert werden.[49]

Aufgrund der Wiedervereinigung und des daraus resultierenden Nachholbedarfs im Straßenbau ist die Motorisierungsrate im Osten Berlins zunächst angestiegen, hat sich aber nach der Angleichung zwischen Ost und West seit 1996 auf einen Wert bei ca. 349 Pkw/1.000

[45] vgl. Wikipedia: http://de.wikipedia.org/wiki/Berlin#Infrastruktur Stand: 19.11.2006.
[46] vgl. Wikipedia: http://de.wikipedia.org/wiki/Flughafen_Berlin-Sch%C3%B6nefeld#Ausbau_zum_ Flugha fen_Berlin_Brandenburg_International_BBI Stand: 19.11.2006.
[47] vgl. Wieckert, R. u. Ellger, C. (2004), S. 58 ff.
[48] vgl. Senatsverwaltung für Stadtentwicklung: http://www.stadtentwicklung.berlin.de/planen/stadtentwicklu ngsplanung/de/verkehr/anspruch.shtml Stand: 22.11.2006.
[49] vgl. Wieckert, R. u. Ellger, C. (2004), S. 59.

Einwohner stabilisiert. (1989: 281 Pkw/1.000 Einwohner).[50] Diese Werte sind im Vergleich zu anderen deutschen Großstädten recht niedrig und lassen sich durch das relativ gute ÖPNV-Angebot der Stadt begründen.[51]

Obgleich in den vergangen Jahren bereits bedeutende Investitionen in der Infrastruktur durchgeführt wurden, müssen auch in Zukunft noch einige Defizite in der Verknüpfung der Verkehrssysteme mit den Siedlungen des engeren Verflechtungsraumes beseitigt werden. Erschwerend kommt hierbei hinzu, dass als historisches Erbe das ÖPNV-Netz im Westteil der Stadt auf U-Bahn und Bus und im Ostteil auf S-Bahn und Straßenbahn ausgerichtet ist.[52]

6   Resümee

Insgesamt konnte das in Punkt 4 bereits erwähnte Hauptziel der Berliner Stadtentwicklung, die beiden vereinten Stadthälften wieder miteinander zu verbinden, erreicht werden. Besonders im Städtebaulichen und Verkehrstechnischen Sinne ist dies weitestgehend gelungen. Dies wird z.B. an der in den Punkten 3-3.1.4 beschrieben Bautätigkeit in Berlins „Neuer Mitte" deutlich. So wurde in den vergangen Jahren eine Vielzahl von Gebäuden Neu- und Umgebaut. Besonders die

Bautätigkeit im Bereich des Spreebogen und des Potsdamer Platzes führte zu einer immensen Veränderung der Stadtstruktur.

Auch die Infrastruktur Berlins wurde, wie in den Punkten 4-4.3 deutlich wurde, großflächig verändert und ausgebaut. Zwar gilt es auch in Zukunft, einige noch vorhandene Defizite zu beseitigen, dennoch sind bereits immense Veränderungen in der Infrastruktur zu verzeichnen.

Abschließend ist festzuhalten, das der Ausspruch Blochs „*Berlin ist ein Gebilde, das sozusagen immer nur wird, aber nie ist*" wohl auch für die Zukunft noch zutreffend sein wird, da in Berlin zwar schon eine Vielzahl von Veränderungen in der Stadtstruktur durchgeführt wurden, jedoch noch weitere Veränderungen und Neuerungen notwendig sind, z.B. im Bereich der Infrastruktur in Zusammenhang mit dem Ausbau des Flughafens Schönefeld zum

---

[50] vgl. Eckart, K. (2001), S. 188 ff.
[51] vgl. Wieckert, R. u. Ellger, C. (2004), S. 59.
[52] vgl. Wieckert, R. u. Ellger, C. (2004), S. 60ff.

Literaturverzeichnis

Bücher:

ADAC e.V. (2003): Landeshauptstädte in Deutschland. Die Hauptstädte aller 16 Bundesländer in Deutschland. München.

Eckhart, K. [Hrsg.] (2001): Deutschland. Perthes Länderprofile. Justus Perthes Verlag Gotha GmbH. Gotha.

Falk, G.C. u. Lehmann, D. [Hrsg.] (2001): Berlin. Stadtexkursionen. Justus Perthes Verlag Gotha GmbH. Gotha.

Guerra, M.W. (1999): Hauptstadt Einig Vaterland. Planung und Politik zwischen Bonn und Berlin. Verlag Bauwesen. Berlin.

Kulke, E. [Hrsg.] (1998): Wirtschaftsgeographie Deutschlands. Justus Perthes Verlag Gotha GmbH. Gotha.

Meyer, U. (1999): Bundeshauptstadt Berlin. Capital City. Berlin.

Raaz, A. (2006): Der Ausbau Berlins zur Bundeshauptstadt – städtebauliche Maßnahmen und räumliche Entwicklungen. Vechta.

Süß, W. u. Rytlewski, R. [Hrsg.] (1999): Berlin. Die Hauptstadt. Vergangenheit und Zukunft einer Metropole. Bundeszentrale für politische Bildung. Band 362. Bonn.

Wieckert, R. u. Ellger, C. [Hrsg.] (2004): Berlin + Brandenburg zwischen Kiez, Metropole und ländlicher Peripherie – Räumliche Entwicklungen seit 1989/90 – Exkursionsführer. Verlag und Vertrieb für den Verband Deutscher Schulgeographen e.V. Berlin.

Zeitschriften:

Diehl, E. (1996): Ausblick auf die Zukunft der Stadt. In: Informationen zur politischen Bildung. Heft 240. München.

Kapphan, A. (2004): Berlin: Stadtentwicklung und Segregation in der Hauptstadt. In: Geographische Rundschau 56, Heft 9. Berlin

Downloads:

Die Bahn (DB): http://www.khd-research.net/Bahn/Reports/DB_Hauptbahnhof_Berlin_2005.pdf Stand: 21.11.2006.

Internet:

Berlin Tourismus Information: http://www.berlin.de/tourismus/sehenswuerdigkeiten/00122. html Stand: 03.11.06.

Berlin Tourist Information: http://www.berlin-tourist-information.de/deutsch/sightseeing/d_si _architektur.php# 5 Stand: 03.11.06.

Business Location Center: http://www.businesslocationcenter.de/de/C/ii/4/_seite3.jsp?nav1=o_pen&nav2=open Stand: 29.10.2006.

Business Location Center: http://www.businesslocationcenter.de/de/A/iii/2/seite0.jsp?nav1=open&nav2=open Stand: 26.09.2006.

Das Lexikon je Verwaltungsbezirk von Berlin: http://www.luise-berlin.de/lexikon/FrKr/w/Wasserstadt_Rumme lsburger_Buch.htm Stand: 29.10.2006.

Pressespiegel: http://www.simon-rattle.de/pressespiegel/presse_detail.php?p_id=127&j=2002 Stand: 26.09.2006.

Senatsverwaltung für Stadtentwicklung Berlin: http://www.stadtentwicklung.berlin.de/planen/hauptstadt planung /de/parlament_regierungsviertel/paul_loebe_haus.shtml Stand: 03.11.06.

Senatsverwaltung für Stadtentwicklung Berlin: http://www.stadtentwicklung.berlin.de/bauen/entwicklungsgebiete/de/rummelsburg.shtml Stand: 29.10.2006.

Senatsverwaltung für Stadtentwicklung: http://www.stadtentwicklung.berlin.de/planen/stadtentwicklungsplanun g/de/verkehr/anspruch.shtml Stand: 22.11.2006.

Senatsverwaltung für Stadtentwicklung Berlin: http://www.stadtentwicklung.berlin.de/bauen/strassenbau/index. shtml Stand: 21.11.2006.

Senatsverwaltung für Stadtentwicklung Berlin: http://www.stadtentwicklung.berlin.de/bauen/baubilanz/de/potsdamer_platz.html Stand: 26.06.2006.

Senatsverwaltung für Stadtentwicklung Berlin: http://www.stadtentwicklung.berlin.de/bauen/wanderungen/de /s3_jakobkaiserhaus.shtml Stand: 08.11.2006.

Wikipedia: http://de.wikipedia.org/wiki/Berlin#Die_Hauptstadt Stand: 26.09.2006.

Wikipedia: http://de.wikipedia.org/wiki/Axel_Schultes Stand: 03.11.06.

Wikipedia: http://de.wikipedia.org/wiki/Traufh%C3%B6he Stand: 08.11.06.

Wikipedia: http://de.wikipedia.org/wiki/Bundeskanzleramt_%28Berlin%29 Stand: 09.11.06.

Wikipedia: http://de.wikipedia.org/wiki/Berlin#Infrastruktur Stand: 19.11.2006.

Wikipedia: http://de.wikipedia.org/wiki/Flughafen_Berlin-Sch%C3%B6nefeld#Ausbau_zum_Flughafen_Berlin _Brandenburg_International_BBI Stand: 19.11.2006.